De bem com a vida depois dos 40

CIP-BRASIL. CATALOGAÇÃO NA FONTE
SINDICATO NACIONAL DOS EDITORES DE LIVROS, RJ

B897b

Brown, Regan Marie
De bem com a vida depois dos 40 / Regan Marie Brown ; tradução Marcos Malvezzi Leal. - Campinas, SP : Verus, 2008.

Tradução de: The woman's way : celebrating life after 40
ISBN 978-85-7686-031-0

1. Mulheres de meia-idade - Psicologia. 2. Mulheres de meia-idade - Conduta de vida. I. Título.

07-4582. CDD: 305.244
CDU: 316.346.2-055.2

Regan Marie Brown

De bem com a vida depois dos 40

Tradução

Marcos Malvezzi Leal

VERUS editora

Título original
The Woman's Way: Celebrating Life After 40

Editora
Raïssa Castro

Copidesque
Ana Paula Gomes

Revisão
Anna Carolina G. de Souza

Capa e projeto gráfico
André S. Tavares da Silva

VERUS EDITORA LTDA.
Rua Benedicto Aristides Ribeiro, 55
Jd. Santa Genebra II - 13084-753
Campinas/SP - Brasil
Fone/Fax: (19) 3249-0001
verus@veruseditora.com.br
www.veruseditora.com.br

Em memória de
Dottamus Dorothy Melland Huntsman
(1931-2000), sonhadora, escritora,
amante dos livros, mãe.

Agradecimentos

Pelas muitas palavras e atos de incentivo, gentileza, inspiração e amizade, agradeço a Shari Brown, James Cramer, Paula Etzel, J. D. Fairbanks, Tara Fatemi, Rob Huesca, Jessica Kerrigan, Del Knauer, Bones Ownbey e família, Gary Shaw, Gladys Smisor, Emily Weida e Jinx Wright.

Sou profundamente grata a todas as mulheres da minha família, especialmente a Cordelia, Dorothy, Rebecca, Geneva, Lorena, Marie, Madeleine e Innocenza; às garotas do Austin Writergrrls, principalmente Emily Vander Veer, Wendy Wheeler, Anne Marie Turner, Leslie Forbes, Mimi Mayer, Kim Lane, Beverly Horne, Lisa Bland e Michelle Grant; a Joe Nicols, extraordinário médium de Austin; a quem inventou o refrigerante Dr. Pepper diet; e aos meus colegas de Copy Cabana, John Ratliff, Cecilia Mena, Stacie Herrington e Kenny Attal.

E os agradecimentos mais calorosos a dois texanos cuja fé em mim tomou diversas formas e nunca se abalou: Don Freidkin e Cotton Inks.

Introdução

> Quarenta é o "meio-dia" da vida.
> CARL GUSTAV JUNG (1875-1961)

Pergunte a qualquer mulher sincera com mais de 40 anos. O que todas nós não daríamos para ter nossa alma de hoje, sábia, evoluída, experiente, transplantada para o corpo daquela jovem de 22 que já fomos, ou até para a criança de 7! Quando chegamos aos nossos melhores anos, a maioria já tem uma ideia do que gostaria de ser na próxima vida – um número espantoso de minhas amigas, por exemplo, gostaria de voltar a este mundo como golfinho. Vamos torcer para que, em nossa próxima estada aqui, possamos viver uma vida livre de preocupações, navegando por mares quentinhos e sem poluição, no mesmo divertido bando.

Mas este livro não fala de anos que jamais voltarão nem de uma maravilhosa vida futura que esperamos ter depois desta. *De bem com a vida depois dos 40* fala sobre como aproveitar os frutos de todas as lições que aprendemos em nossos anos anteriores, de formação. É uma celebração do aprendizado, do amor e de passar tudo isso adiante.

Apesar do que dizem as notícias, nunca houve melhor época para ser mulher neste planeta do que estes anos iniciais do século XXI. Ora, você não acredita em tudo que ouve na televisão ou lê naquelas revistas vendidas ao lado dos caixas de supermercado, acredita? Desde a mais tenra infância até os 80 anos, as mulheres de hoje têm oportunidades que nossas avós nem sonhavam ter.

Se Jung estava certo quando disse que a idade de 40 anos é o meio-dia da vida, a Poliana em mim quer ver o lado positivo. Em vez de contar as horas até a meia-noite, por que não apreciar a luz do sol quente e dourada da tarde e saborear cada merecido momento?

Além disso, não sei quanto a você, mas eu não sou nada matutina. Se 40 é o meio-dia da vida, ótimo – isso significa que cometi a maioria de meus piores erros pela manhã, e os próximos vinte anos ou mais serão uma longa e preguiçosa tarde de verão à sombra de uma varanda.

Saboreie, aproveite, perceba as bênçãos de sua vida e passe-as adiante.

Você aprendeu o valor – e o alívio – de ser direta sem perder a gentileza.

* * *

Aprendeu a cuidar mais de si mesma.

* * *

O mundo e as pessoas pararam de ser seu espelho. Você se conhece tão bem que não precisa se avaliar constantemente pelas reações dos outros. Um olhar ardente de um estranho bonito não faz seu coração e suas esperanças ganharem as alturas, como fazia antes. Mas, por outro lado, a indiferença ou uma palavra ou olhar de reprovação não têm mais o poder de estragar seu dia.

Você não se veste mais para provocar certas reações nem para provar que é um determinado tipo de pessoa. Finalmente, agora se veste para agradar a si mesma. Aqueles sapatos de salto alto no armário só servem para as noites em que você sabe que não vai ficar em pé por muito tempo. Seu Santo Graal hoje em dia são os sapatos bonitos porém confortáveis.

***

Quando você chega aos 40, provavelmente já cometeu todos os grandes erros que podia cometer.

Você não põe mais a culpa nas outras pessoas – gosta de assumir a responsabilidade por suas ações e encoraja as pessoas de seu convívio a fazer o mesmo. Aliás, culpa é algo que não serve mais para você; é algo que aprendeu a deixar para trás, a se colocar acima. Quem precisa de toda aquela energia negativa?

* * *

Se você sempre teve um animal de estimação, agora descobre que pode viver sem ele e aproveitar a liberdade de não ter que trocar a areia do gato, ou passear com o cachorro à noite, ou limpar o aquário. Se você nunca conviveu com um pássaro, gato, cachorro ou peixe, mas sempre quis fazê-lo, este é um ótimo momento para descobrir as alegrias de uma companhia animal em sua vida.

Nada abala sua convicção cada vez mais forte de que você está muito bem sozinha – ou poderia estar, se as circunstâncias mudassem. Se você está sozinha, começa a perceber que é preciso refletir muito antes de abandonar sua liberdade.

* * *

Sexo é uma coisa deliciosa. Você não só pode pedir o que quer e conseguir, mas também descobre que sua sexualidade lhe traz mais prazer e alegria do que jamais teria sonhado. Você olha com compaixão para o passado, para aquela garota tímida que um dia foi e que tinha tanto medo de sexo ("Você vai fazer o que com minha o quê?!"). A diferença entre o sexo na adolescência, ou em seus 20 e poucos anos, e o sexo nos 40 é como a diferença entre a caipirinha e o champanhe francês.

Se não está comprometida com alguém, você não sente pena de si mesma como antes. Vale a pena esperar pelo parceiro certo – quantos sapos você teve que beijar até descobrir isso? Você pode não saber onde está sua alma gêmea, mas está disposta a deixar que ele se esforce um pouco para encontrá-la. Enquanto isso, você aproveita o tempo e a energia que investe em outras coisas que ama: trabalho, causas, animais de estimação, jardim, amigos, família, viagens.

* * *

Se você está envolvida com alguém, suas amigas solteiras a invejam por seu jeito criativo de ser no relacionamento e independente fora dele.

Se você não está comprometida com ninguém, suas amigas casadas a invejam pelo modo como você é capaz de levar paixão e energia para amigos e familiares, fazendo do mundo um lugar melhor.

***

Você não tem que provar mais nada.

***

Você tem coragem de correr riscos e grandeza de coração para aceitar as consequências.

***

Você já perdeu muito amor e viu ruínas demais, por isso compreende agora a fragilidade dolorosa de um bebê, de um dente-de-leão, do amor jovem e do idealismo.

Você controla menos e aproveita mais.

* * *

Você vê os mais velhos com muito mais compaixão, pois é cada vez mais provável que um dia seja como eles. Cada mulher frágil, curvada, sofrendo de osteoporose, reforça seu compromisso de ingerir mais cálcio.

* * *

Você tem mais facilidade para perdoar as pessoas. E, mais importante, aprende a se perdoar.

* * *

Você vê além das aparências, bem mais longe. É mais fácil, hoje, enxergar o que há por trás das defesas dos outros e ver os medos que os deixam isolados. Embora seu coração seja suave, você agora é muito mais difícil de enganar do que um dia já foi.

Você está disposta a correr o risco de deixar as pessoas a olharem mais profundamente. Agora percebe como é trabalhoso manter ativo aquele sistema de defesa.

* * *

Você já está suficientemente distante da fé religiosa na qual foi criada, a ponto de poder: a) apreciar a verdade essencial e reafirmar a importância dela em sua vida; ou b) sentir-se à vontade para encontrar seu próprio caminho espiritual, da forma que lhe parecer mais apropriada.

* * *

Talvez você ache que a religião formal é menos importante que a espiritualidade diária. Ainda assim, encontra sentido e conforto cada vez maiores em rituais antigos.

Você enxerga mais profundamente a essência das pessoas, dos sistemas e das crenças.

* * *

Você saboreia a energia interligada e sinérgica de todos os seres vivos, das algas até as sequoias.

* * *

Você aprendeu quando persistir e quando desistir; quando protestar e quando silenciar é melhor. Você escolhe suas batalhas com mais sabedoria.

* * *

Você sabe que nada é mais precioso ou tem mais valor que o direito das crianças de ser livres de abusos e de maus-tratos. Seu maior desejo para o mundo é que toda criança seja amada, querida e bem tratada.

Toda forma de amor, todo ato de fé, toda criança recém-nascida é um milagre.

* * *

Você se importa cada vez menos com o que as pessoas – principalmente as desconhecidas – pensam de você. Às vezes, prefere até frustrar as expectativas dos outros. Quando você faz novos amigos, procura pessoas com menos brilho e mais substância.

* * *

De repente, você percebe que seu círculo de amigos inclui pessoas de todos os signos do zodíaco.

Você olha nos olhos de todas as pessoas a quem é apresentada. Às vezes consegue ver a alma de um espírito afim. Outras vezes, encontra medo, indiferença ou dor profunda. Você é forte o suficiente para olhar não só nos olhos das pessoas, mas também na alma delas.

***

Você não busca as crises, mas também não foge delas se percebe que pode fazer algo para melhorar as coisas. Você já lidou com emergências suficientes para manter a cabeça fria e conhecer suas forças.

Você sente certa pena de garotas jovens e magrinhas. Em vez de invejá-las, você se lembra de como era ter aquela idade – ficar tão preocupada com a aparência que não conseguia aproveitar a comida, relaxar e curtir a si mesma. Que graça tem isso? Você se consola refletindo que, se tivesse o abdome reto demais, teria que usar um cinto só para segurar as calças. Você se orgulha de não usar cinto desde 1991.

***

Você se pergunta por que tinha tanta pressa de usar meia-calça quando era jovem. Lembra-se daquelas brigas com sua mãe? Olhando para o passado, você agora entende que ela provavelmente estava certa em algumas coisas, como insistir nas meias curtas e nos sapatos confortáveis. Seus pés merecem.

Mesmo que sua mãe estivesse 90% errada sobre a vida, você hoje tem mais compaixão por ela, pois está na idade que ela tinha quando você era adolescente e uma vivia perturbando a vida da outra. Você compreende muito melhor que sua mãe era produto daquele tempo, assim como você é do seu. Você é muito grata por ter nascido exatamente na época em que nasceu. Uma coisa que lamenta é que sua mãe, suas avós e suas tias não tenham desfrutado a liberdade e as escolhas que você tem à disposição.

* * *

Em uma festa, você automaticamente procura a pessoa mais tímida da sala e puxa conversa com ela.

* * *

Você tem mais interesse em escutar as histórias dos outros do que em contar as suas.

Você faz uma escolha consciente de não se deixar atrair pela negatividade. Embora aceite que todos nós temos sombras em nosso interior, você escolhe seus amigos com base nos aspectos positivos deles que a ajudem a melhorar os seus. Sempre que possível, você evita a companhia de pessoas críticas, acusadoras e que sugam a energia alheia.

* * *

Você não se preocupa se vai a um encontro com antigos colegas da faculdade e está alguns quilinhos acima do peso, usando uma roupa maravilhosa que você já tem há alguns anos.

* * *

Você cuida melhor de seu carro e de seu corpo – quer que ambos durem muito. Duas palavras: manutenção preventiva.

Em determinado momento da vida, você perdeu o medo de viajar sozinha – aprendeu a ver essas viagens sem companhia como aventuras, desafios e experiências de aprendizado. Mesmo quando viaja com outras pessoas, você sai para passear sozinha às vezes. Gosta de escolher caminhos menos visados, onde pode conhecer melhor os moradores locais e a área. Cada vez mais, você prefere ter menos lugares para ver e mais tempo para saborear cada local visitado.

***

Você está disposta a planejar menos e a confiar mais no destino.

***

Você quase nunca dá conselhos. Confia que seus amigos e entes queridos encontrarão o caminho certo.

Quando as pessoas insistem em dar conselhos, você percebe que isso as faz se sentir bem. Você escuta com a mente aberta e examina as palavras em busca de algumas pérolas de sabedoria. Se não aparecer nenhuma, você pode dizer: "Obrigada pela ideia, mas eu pareço o tipo de mulher que precisa de conselhos?"

* * *

Você finalmente perdeu o medo de pedir orientação aos outros. Já que agora seus instintos estão suficientemente aguçados para você escolher pessoas que sabem encorajar, em vez de manipular ou sugar energia, ter um mentor ou mentora não é mais uma ameaça, e sim um prazer.

* * *

Você sabe fazer perguntas muito boas, mas às vezes se contenta em deixar as pessoas, os lugares e as coisas se revelarem sozinhos, em ritmo próprio.

Você percebe que, depois dos 40, todas as grandes aventuras estão dentro de você.

***

Você vai contra o saber médico convencional e não tem mais medo da menopausa. Não ter mais cólica soa muito bom. Além disso, à medida que seus ciclos vão diminuindo, você vai tendo a grata surpresa de descobrir que aproveita melhor a energia constante e equilibrada em sua vida, em vez de sofrer com os picos hormonais mensais.

***

Você escuta com algum ceticismo toda aquela conversa dos médicos sobre terapia de reposição hormonal. Você se sente mais à vontade consultando sua sabedoria interior, que lhe diz o que é bom para você.

Outras mulheres positivas se tornam suas amigas íntimas, confidentes e companheiras de aventura. Vocês passam umas às outras nomes de bons contadores, mecânicos, massagistas e cabeleireiros.

***

Quando você vai a restaurantes ou eventos com um grupo de amigas animadas, não mais: a) tem inveja das mulheres acompanhadas; ou b) se preocupa que as pessoas pensem que você é lésbica.

***

O sexo opera em muito mais níveis do que você sequer suspeitava quando era mais jovem. Você percebe que o aguarda com mais vontade e se lembra melhor dele depois.

Você percebe que não é uma Lei Inflexível do Universo ficar parecida com sua mãe.

* * *

Você faz o possível para perdoar seus pais por tentarem programá-la para ser algo que jamais poderia ser. Você sabe muito bem encorajar as crianças ao seu redor a descobrir aquilo em que elas são boas. Respeita o direito de todos os indivíduos de viver o próprio sonho e propósito de vida, não os sonhos ou planos de outros.

* * *

Você sabe que os sonhos e as metas mudam. Se aos 45 anos você quer as mesmas coisas que queria aos 15 ou aos 30, ou você não evoluiu muito ou teve a sabedoria de permanecer verdadeira a si mesma todo esse tempo.

Espontaneidade, conexão e criatividade não são artigos de luxo – são necessidades do dia a dia.

***

Você pensa em cancelar sua TV a cabo e comprar uma banheira de hidromassagem.

***

Você prefere comer apenas um bombom feito na melhor confeitaria da cidade a uma caixa inteira de chocolate comprada no supermercado.

***

Às vezes você faz pães pelo simples prazer de levar um pão quentinho, feito na hora, para aqueles amigos que moram sozinhos e não têm quem cozinhe para eles.

Uma criança com a carinha triste faz com que você congele.

***

Há mais diversidade em seu círculo de amigos do que antes. Idade, posicionamento político, nível de renda e escolaridade importam cada vez menos.

***

Você acha gratificante quando seus amigos gostam um do outro e criam vínculos que nem sempre a incluem. Isso faz você se sentir feliz, não excluída.

***

Você não impõe sua vontade às pessoas que lhe são importantes. Com gentileza, porém de maneira firme, você as desencoraja de tentar lhe impor a vontade delas.

As pessoas mudam. Você aceita que o crescimento pessoal é ao mesmo tempo inevitável e gerado pelo próprio indivíduo.

* * *

Embora tente manter os canais de comunicação abertos e evitar isolamentos emocionais com pessoas difíceis, você sabe que não pode curar tudo. Você sempre tenta dar aos outros tempo, espaço e uma segunda chance.

* * *

Você despreza o modo como a mídia retrata a meia-idade. Quem será que ainda compra aqueles cartões de aniversário idiotas que falam do cabo da Boa Esperança? Você tem certa pena daquelas mulheres que ainda não chegaram aos 40 e não sabem como é bom.

Você pensa nas lutas que as mulheres enfrentaram e venceram no decorrer da história – por exemplo, as tarefas domésticas, como cozinhar, cuidar da casa e das crianças, que consumiam toda a energia delas – e reconhece que não há época melhor do que hoje para ser mulher. Amanhã será melhor ainda. Você ajuda a estimular essa atitude em mulheres de todas as idades.

***

Você saiu dos 30 não faz muito tempo e sabe como eles podem ser um período difícil para a mulher. A adolescência também. Você ajuda outras mulheres a passar pela crise de identidade para que possam entrar na fase seguinte, encorajando-as, nunca criticando e, principalmente, escutando. O fato de ninguém ter feito isso por você a ajuda a perceber como esse papel é vital.

Você descobre por experiência própria como é maravilhoso para mulheres de todas as idades e culturas rirem juntas daquelas coisas das quais mulheres do mundo inteiro gostam de rir.

***

Você confronta seu médico.

***

Você não acredita mais em tudo que ouve, mas sabe que até as mentiras contêm uma pequena dose de verdade.

***

Você compreende que Eva foi apenas uma vítima da imparcialidade da mídia e de relações públicas ruins.

Você é a capitã de seu próprio navio, mas, ao mesmo tempo, deixa cada vez mais os grandes eventos por conta do destino. Você já velejou por mares tempestuosos e saiu ilesa, e sabe que é capaz de lidar com quase tudo.

* * *

Você encontra grandes e pequenas maneiras de ser criativa todos os dias.

* * *

Você tem estilo próprio.

* * *

Se você nunca pintou as unhas dos pés, começa a pintar agora. Se faz isso desde os 9 anos de idade, resolve parar por algum tempo. O mesmo se aplica à depilação das pernas e ao delineador.

Você percebe que, quando não tenta mais forçar o mundo a ver, aplaudir e amar você, ele começa a achá-la muito mais amável e digna de atenção e aplausos.

* * *

Você consegue imaginar a vida sem homem, sem TV e sem carro. Mas a vida sem chocolate, banho de espuma e flores é impensável.

* * *

O chocolate se torna um sacramento.

* * *

Para você, é tão natural encorajar as pessoas que você fica um pouco surpresa e sem graça quando elas se desdobram em mil para agradecer-lhe a ajuda.

Agora que você sabe que um corpo não tão jovem demora mais para se curar, cuida melhor de si mesma.

* * *

Você sabe que algo não vai dar certo bem antes de acontecer. Mesmo assim, espera sempre o melhor.

* * *

Você nem se lembra da última multa que levou por alta velocidade. Para que a pressa?

* * *

No trânsito, você não gruda mais no carro da frente. A lerdeza dos outros motoristas não parece um insulto pessoal do universo. Agora, um carro lento à sua frente serve de lembrete para você ir mais devagar também.

Você se solidariza com os jovens – todas aquelas escolhas que eles têm a fazer, lições a aprender e consequências a sofrer! Também entende que, embora as gerações mais jovens se sintam sufocadas pelo peso do excesso de escolhas, as pessoas mais velhas que você se sentem sufocadas por quase não terem escolhas.

* * *

Sua fé se torna cada vez mais simples.

* * *

Seus atos mais generosos são feitos sem alarde – geralmente de maneira anônima.

Ao mesmo tempo em que sua vida espiritual está ficando mais simples, seus investimentos talvez estejam se tornando mais complexos. Você faz escolhas mais sábias quanto a quem vai orientá-la em ambas as áreas.

***

A criatividade é menos algo que você faz para impressionar os outros e mais algo que brota e cresce espontaneamente em seu interior.

***

Quando você era mais jovem, achava que tinha que sofrer e se curar sozinha, em silêncio. Agora sabe que o amor e o vínculo emocional são os melhores remédios para o corpo, a mente e o espírito.

Se você tiver que ser internada para uma cirurgia ou tratamento, não se importa se seus melhores amigos forem visitá-la. Você não liga se sua aparência não estiver boa, e eles também não. Você gosta da energia positiva e curativa que emana de seus rostos sorridentes.

***

Quando um amigo está em crise, você nunca pergunta: "Como deixou isso acontecer?" Você pergunta o que pode fazer pela pessoa – ou faz a coisa certa sem ter que perguntar.

***

Você fica frustrada quando não consegue ser criativa ou resolver um problema, ou fazer do mundo um lugar melhor a cada dia.

Você retorna ao idealismo da juventude.

* * *

Você desiste de uma vez por todas de tentar parecer legal, ou moderna, ou normal, ou qualquer outra coisa. Seu objetivo é ser, e não parecer.

* * *

Você valoriza a criatividade dos outros, qualquer que seja o nível dela. Mesmo que isso signifique ouvir um monte de vezes sua sobrinha tocar uma música na gaita, quando ela ainda não aprendeu a tocar bem.

* * *

Seu desejo de matar Martha Stewart por fazer você se sentir tão mal é, aos poucos, substituído pelo desejo de se sentar com ela, tomar um vinho juntas e conhecê-la de verdade.

Você não só ficou craque em escolher um bom vinho como também é um ás do saca-rolha.

* * *

Você nunca olha com desdém para qualquer comida que lhe for oferecida de boa-fé.

* * *

A música ressoa por mais tempo.

* * *

Quando você está na presença de um verdadeiro mestre, não fica mais com ciúme. Você aprecia a chance de absorver toda aquela grandiosa energia.

* * *

Você só precisa de um pouco de vinho. Nem se lembra da última vez que teve uma ressaca terrível.

Quando você desiste de controlar cada aspecto de seu mundo, é incrível como dorme melhor à noite.

* * *

Sua necessidade de despertador e cafeína diminui, na medida em que você confia que seu corpo acordará na hora certa.

* * *

Você compra e usa menos maquiagem, mas adquire os melhores produtos. Não deixa a vendedora convencê-la a levar algo que não é adequado para você.

* * *

Você tem tanta certeza de quais cores e estilos combinam com você que, ao entrar na loja, às vezes compra o vestido ou a blusa perfeita sem sequer experimentar. Com calças, porém, sabe que é melhor não arriscar.

Você dificilmente troca as roupas que compra, pois não as leva se não caírem muito bem, se não tiverem um bom preço e não forem diferentes de tudo que você tem no guarda-roupa.

* * *

A cada ano que passa, você compra menos roupas e dá mais coisas a instituições de caridade. Você gosta da ideia de suas roupas saírem pelo mundo e serem novinhas em folha para outra pessoa.

* * *

Você gosta do processo de se livrar de velhos pertences que não lhe interessam mais. Esse prazer supera a satisfação de se apegar a coisas velhas que você não quer e das quais não precisa mais.

Você raramente diz: "Não tenho o que vestir". Você não se importa se as pessoas a virem com a mesma roupa várias vezes.

***

Finalmente você aprendeu a arte de aceitar elogios com elegância. Você responde sorrindo e dizendo: "Obrigada", e não: "Essa coisa velha?!", nem pedindo desculpas por existir.

***

Mesmo que você não tenha certeza de qual garfo usar para quê, nem de como comer uma alcachofra em companhia de gente fina, você aprendeu que a base das boas maneiras é simplesmente consideração pelos outros.

Você sorri quando jovens bonitos passam por você, mas não se ofende quando a ignoram e olham para uma jovem de 20 e poucos anos. O gosto desses rapazes por mulher vai melhorar. Enquanto isso, seu comercial de TV favorito ainda é aquele que mostra algumas mulheres num escritório observando o operário gostosão tirar a camisa e tomar um gole de Coca-Cola.

***

Paquerar é menos um meio para chegar a algum lugar e mais uma apreciação mútua. Você toma cuidado para não começar um incêndio que não poderá apagar.

***

Você não banca a recatada. Se gosta de um homem, deixa isso claro a ele. Você não espera mais que os homens adivinhem.

Para você, não vale a pena ter aquelas coisas que só vêm após intensa manipulação.

* * *

Você é mais paciente com as pessoas, menos paciente com a burocracia.

* * *

Você raramente vota em todos os candidatos do mesmo partido.

* * *

Em vez de ir até um barzinho cheio de fumaça de cigarro, você fica em casa e assiste a programas de culinária com chefs bonitos e enérgicos. Um homem que cozinha para você é melhor que um gorducho fumante.

"Desespero", "salvação" e "amor" não são palavras que você usaria na mesma frase.

* * *

A simplicidade em sua vida não é algo que você planeja, é algo que simplesmente deixa acontecer.

* * *

Finalmente as falhas de memória funcionam a seu favor. Você perdeu não só o desejo de guardar ressentimentos, mas também a capacidade para isso! E, uma semana depois de doar um monte de coisas à caridade, não se lembra mais de um único objeto que doou.

Você não confunde mais objetos com pessoas. Se você se livrar de um suéter que sua falecida tia tricotou vinte anos atrás, não se sente culpada. Mesmo assim, gosta de ter objetos à sua volta que a façam lembrar das pessoas que a amavam quando você era mais jovem.

***

Você faz uma faxina antes de sair de viagem só pelo prazer de ver a casa limpinha quando voltar.

***

Você acha as pessoas tranquilas mais interessantes.

Você consegue reconhecer um manipulador ou predador a um quilômetro de distância. Sente compaixão por mulheres cujos instintos não são fortes o suficiente para protegê-las do perigo. Sente compaixão por si mesma por ter sido tão ingênua quando era mais jovem. Você ajuda outras mulheres a desenvolver o instinto de autoproteção.

* * *

Se você fica estressada lendo jornal ou vendo notícias na TV, tem a liberdade de cancelar a assinatura ou desligar a televisão. Não que você seja indiferente à dor do mundo, mas há coisas melhores para fazer do que passar horas e horas ouvindo notícias ruins.

Se você nunca aprendeu a dançar, matricula-se num curso com um amigo ou amiga, ou vai sozinha.

***

Independentemente do ambiente social, você sempre sabe o que vestir.

***

Você raramente ouve falar de um pecado ou um erro que não tenha cometido, em um nível ou outro. São poucos os crimes que você nem sequer pensou em cometer.

***

Você se sente reconfortada por acreditar que "aqui se faz, aqui se paga". Está mais disposta a deixar o revide para o cosmos.

Você hesita em dar conselhos porque sabe que não é você quem vai sofrer as consequências. Quanto mais respeitar isso, mais as pessoas vão lhe pedir conselhos.

***

Se as pessoas lhe dão conselhos, você os aceita com um pé atrás. Estar sujeita a conselhos não solicitados fortalece sua resolução de nunca fazer a mesma coisa com os outros.

***

Você sorri em vez de estremecer quando alguém lhe chama de "senhora". Afinal, em alguns lugares isso é sinal de respeito, assim como "senhor".

***

Se a etiqueta diz "Lavar a seco", você quase sempre põe de volta na prateleira.

Você confia no que seus instintos lhe dizem sobre as pessoas, mas também já aprendeu o perigo do julgamento precipitado. Alguns de seus melhores amigos são pessoas com quem demorou até quebrar o gelo. Cada vez mais, você fica satisfeita por conhecer pessoas com o passar do tempo e em vários ambientes diferentes.

* * *

Quando alguém precisa conversar com você sobre alguma coisa, você controla suas reações para se concentrar no que a pessoa está dizendo.

* * *

Você percebe que o mundo não acaba quando desconhecidos não olham mais para você com admiração nem lhe fazem elogios. Em alguns sentidos, seu poder de atração está apenas começando, não terminando.

Você olha para as estrelas e deseja que tivesse nascido cem anos mais tarde, para ajudar a colonizar o espaço.

* * *

Você vê os primeiros quarenta anos de sua vida como um aquecimento – uma espécie de ensaio geral. O melhor ainda está por vir.

* * *

Você trata os moradores de rua com respeito e sem julgamentos.

* * *

Você valoriza menos o ego e mais a alma.

* * *

O fluxo é mais interessante que o controle.

Ler na cama é muito mais divertido que ver TV.

* * *

Você respeita todos os verdadeiros curadores.

* * *

Você escuta melhor seu corpo. Respeita os sinais de alerta por ele enviados e quase nunca o força até a exaustão.

* * *

Você sabe qual é a fase da lua sem sequer olhar para ela.

* * *

Ser positiva não é uma coisa que você escolhe – simplesmente se sente assim quando acorda.

Você se preocupa menos.

* * *

Uma das únicas coisas que fazem você perder o sono é quando percebe que feriu os sentimentos de alguém.

* * *

Todo mundo exagera um pouco, mas você tem baixa tolerância a mentiras.

* * *

O tempo se tornou tão precioso que você não está mais disposta a deixar que as pessoas desperdicem o seu.

* * *

Você nunca grita nem é mal-educada com garçonetes ou balconistas, pois se lembra da época em que esse era o único tipo de emprego que você arranjava.

Orientar os jovens é natural para você. Ao se lembrar de tantas pessoas que a ajudaram, deseja passar o favor adiante. Você sabe, por experiência própria, a diferença que algumas palavras de apoio podem fazer na vida de uma pessoa insegura.

***

Você está cada vez menos disposta a perder tempo, dinheiro e energia tentando parecer dez anos mais jovem. Você percebe que, quando aceita mais e controla menos, os anos regridem naturalmente.

***

Você prefere ser uma mulher sábia e jovial a uma garota envelhecida.

Embora a maior parte dos raps a deixe irritada, você lembra como era divertido irritar seus pais com sua música. Você compreende que o rap é a vingança perfeita contra as sensibilidades da geração hippie. Se você fosse mais jovem hoje, provavelmente também gostaria de rap.

* * *

No fundo do coração, você ainda tem valores hippies, e os demonstra cada vez mais com o passar do tempo.

* * *

Ninguém – nem mesmo sua mãe – tem o poder, o direito ou a capacidade de fazer você se sentir culpada ou inadequada.

* * *

Você confia mais no universo e aciona menos o alarme do carro. Mas as portas de casa você ainda tranca.

As pessoas se lembram de sua risada.

* * *

A menos que aconteça algo de muito bom a uma pessoa, você nunca lhe diz: "Eu não disse?"

* * *

Você não acredita nem por um minuto que o sofrimento na infância ajuda a formar o caráter. O que o sofrimento faz é sufocar almas que estão desabrochando.

* * *

Você já não admira o martírio.

* * *

Quando você ouve uma das canções favoritas da juventude de seus pais, ela já não parece tão ruim.

Você deixa um livro no carro, para ler nos engarrafamentos ou enquanto aguarda sua vez no consultório médico.

***

Você e suas amigas ainda têm conversas animadas sobre quem era o mais bonito dos Beatles. Provavelmente você ainda é fiel a George Harrison (inteligente e quieto), ou gostava mais do Ringo. Ter uma queda pelo Paul McCartney seria óbvio demais.

***

Se seus filhos, sobrinhos ou netos tiverem idade para isso, você não tem vergonha de lhes contar um pouco sobre sua juventude. Pode até falar daqueles tempos em que você dançava ao som de músicas lisérgicas.

Embora você tenha contato com seus medos e dúvidas, não deixa que eles a dominem.

***

Você percebe que todo mundo, inclusive você mesma, tem pontos cegos e minas explosivas emocionais e psíquicas. Você tenta afastar as pessoas das suas e respeita as dos outros.

***

Você faz menos perguntas que possam ser respondidas com "Sim" ou "Não" e mais perguntas que comecem com "Fale-me de...".

***

As pessoas confiam em você. Em troca, você nunca lhes dá motivo para não confiarem.

De modo geral, você perdoa os homens por agirem como homens, a menos que o comportamento deles lhe seja ameaçador ou humilhante. Você tem um pouco de pena deles – os homens são vítimas de condicionamento social, mais até do que as mulheres. A maior parte do tempo, você é feliz por não ter nascido homem.

* * *

Em caso de dúvida, você prefere pecar pelo excesso de generosidade e dormir melhor à noite.

* * *

Tanto para os homens quanto para as mulheres, você acha que se dá valor demais ao abdome perfeito.

Em vez de sentir ciúme, você tem certa compaixão dos homens de sua geração quando os vê com garotas vinte anos mais novas. Eles parecem tão cansados.

* * *

Você não só tem uma furadeira, mas também sabe usá-la.

* * *

Você cuida muito bem de suas colchas feitas à mão, velhas e frágeis, para poder passá-las à geração seguinte.

* * *

Seus sobrinhos e netos adoram você por ao menos tentar entender e jogar o Nintendo ou o PlayStation deles. Mesmo que você nunca passe da primeira fase dos jogos, eles a amam por ter espírito esportivo e por tentar.

Você se lembra de como é estar profundamente apaixonada. Jamais pensaria em desencorajar alguém de descobrir como é isso.

***

Você sabe que é impossível o verdadeiro amor ser desperdiçado ou descartado. O amor se multiplica.

***

Agir de acordo com sua idade e não com seu número de sapato nem sempre é um cenário desejável.

***

Quando ninguém está olhando, você vai brincar no balanço do parque. Quanto mais os anos passam, menos você se importa se alguém estiver olhando.

Ensina-me a viver ainda é um de seus filmes favoritos. Só que agora você se identifica mais com Maude (a velhinha) que com Harold (o garotão).

* * *

Você se importa menos com quem é culpado por um problema e mais com como resolvê-lo e impedir que aconteça novamente.

* * *

Notar que os homens não se viram mais para olhar para você na rua é bom. Isso não fere mais seus sentimentos.

* * *

Você se preocupa mais com o conforto e menos com a aparência do sutiã. Mas, se você for persistente, encontra um que cai bem, tem sua cor favorita e ainda é cheio de rendas.

Mesmo que você não esteja namorando nem saindo com alguém (e principalmente se não estiver), você se presenteia com *lingerie* bonita, *sexy*, cheia de rendas e confortável, de suas cores preferidas.

* * *

Quando e onde for apropriado, você baixa a guarda diante das pessoas certas, e sabe cada vez mais reconhecer quem são as pessoas certas e quais são as circunstâncias apropriadas.

* * *

Entrar num ambiente cheio de pessoas desconhecidas não é mais a pior coisa do mundo.

* * *

Você prefere que as pessoas sejam gentis a perspicazes.

Você sabe que o segredo para alguém se tornar um tédio total é contar tudo.

* * *

Você tem mais confiança em sua habilidade de lidar com situações que antes a faziam tremer de medo – como falar em público ou cantar a *capella* – e até gostar delas.

* * *

Manter vínculos saudáveis com sua família é importante, mas você aprendeu o que é melhor para você. Sabe que visitas mais curtas e frequentes dão mais certo que uma visita anual, longa e obrigatória.

* * *

Quando fica impaciente com a consciência limitada dos outros, você se lembra de que cada indivíduo tem direito a um nível pessoal de percepção.

Você reconhece o direito de todos de experimentar e exprimir toda espécie de sentimentos.

* * *

Você é gentil com os ignorantes, porque se lembra da época em que o era também.

* * *

Você consegue rir de si mesma sem se humilhar nem sentir autocomiseração. Gosta de uma brincadeira bem-humorada com as pessoas que você ama.

* * *

Você não escolheu sua família, mas pode escolher os amigos, que, no fim das contas, se tornam sua família.

Embora você não deixe os operadores de *telemarketing* tomarem seu tempo ou lhe venderem coisas que não quer, você sente pena das pessoas que têm que ganhar a vida assim. Você nunca, jamais desliga na cara deles.

* * *

Em vez de sentir ciúme de mulheres mais jovens, você se lembra de como era difícil ser você mesma naquela idade e ser considerada inteligente. Você ajuda as jovens a reforçarem o nível de autoconfiança, e nunca as humilha.

Às vezes você dá uma olhada naqueles artigos idiotas de revistas femininas na fila do supermercado. Quando lê um artigo sobre "Como enlouquecer seu homem na cama e transformá-lo num escravo sexual", você percebe – com orgulho – que sabe muito mais sobre o assunto do que a autora da reportagem.

***

Você não perde tempo nem energia com alguém que, por qualquer razão, não é capaz de compreender quem você é.

***

Os homens já não a intimidam – você se garante. Você aprendeu a valorizar um homem gentil mais que um bravo.

Quando as pessoas baixam a guarda com você, tornando-se vulneráveis e lhe fazendo revelações pessoais, você considera isso um elogio e tem o cuidado de nunca usar as palavras delas contra elas mesmas. Você valoriza essas qualidades nos outros.

* * *

Quando você resolve seus problemas de controle nos relacionamentos, você vê a guerra dos sexos como ela é: um exagero da mídia.

* * *

O amor verdadeiro é muito melhor na vida real que no cinema.

* * *

A maioria dos homens precisa de nós mais do que precisamos deles.

Intimidade é uma meta realista e um prazer, não um sonho impossível ou uma ameaça. Vale o tempo que leva até ser construída.

***

Você logo identifica se um dano foi intencional ou não.

***

Você se esforça para fazer do mundo uma zona livre de culpa. Remorso e arrependimento são uma coisa, culpa é outra bem diferente. Ninguém deve pedir desculpas por existir.

Embora tenha imensa compaixão por vítimas, você não é muito paciente com aquelas pessoas que sofrem de autocomiseração crônica. A vida lhe ensinou que há uma enorme diferença entre sobreviver e prosperar. Seus 40 são um ótimo período para se concentrar nessa grande distinção – e colocá-la em prática. Nenhum esforço investido em perdão e na liberação da dor do passado é desperdiçado.

***

Você não tem dificuldade alguma em acreditar – ou até admitir – que há muita coisa excelente em você.

***

Embora você seja uma amante competente, o sexo tem menos a ver com vigor e técnica e mais com ligação íntima e dissolução de fronteiras.

O sexo não é mais uma metáfora para poder – é uma metáfora para união.

* * *

Você consegue rir durante o sexo.

* * *

Com relutância, porém perseverança, você usa fio dental todos os dias.

* * *

O desejo não precisa mais ser extravasado imediatamente. O fogo lento pode ser divertido.

* * *

Você superou a necessidade de contratar decoradores e mobiliar a casa de acordo com as fotos das revistas.

Você gosta de deixar moedas em locais públicos para outras pessoas encontrarem.

* * *

Se você derrubar uma moeda, prefere deixá-la no chão para uma criança encontrar.

* * *

A ambiguidade é mais intrigante que muitas certezas. Hoje, você gosta daqueles mistérios que são esclarecidos aos poucos.

* * *

Você fica mais calma, hoje, diante da morte e da doença. É suficientemente forte para ajudar os outros na dor.

* * *

Quando é preciso ser direta, você não foge da raia.

Exceto em situações de vida ou morte, você nunca protege as pessoas das consequências dos próprios atos. Se o fizesse, estaria atrapalhando o progresso delas.

***

Há vida depois da culpa. Você sabe, porque já passou por isso.

***

Você nunca se envolve com alguém que não possa ser seu amigo antes, durante e depois.

***

Você não se sentiria ameaçada nem incomodada ao apresentar uma amiga a um antigo namorado, uma vez que com você o relacionamento não deu certo.

Você sabe que ciúme nada mais é que insegurança. Se percebe esse sentimento crescendo dentro de você, é capaz de reconhecê-lo. Isso feito, você consegue se livrar dele.

* * *

Você compreende a diferença entre prazer e alegria. Um é efêmero, a outra é duradoura. Uma vida equilibrada, porém, precisa dos dois.

* * *

Com o passar do tempo, seus prazeres se tornam mais simples, ao mesmo tempo em que seu imposto de renda e suas estratégias de investimento se tornam mais complexos. Se precisar ou quiser, você pode viver com muito menos do que ganha hoje.

Você faz suas lições de casa financeiras. Recusa-se a investir em empresas onde não gostaria de trabalhar ou das quais não gostaria de ser dona.

***

Entrando na meia-idade, você se torna mais idealista, não menos. Gosta da companhia de pessoas que são apaixonadas por aquilo em que acreditam.

***

Você é capaz de ver o cinismo como ele realmente é: a última defesa de um coração delicado e ferido.

***

Seu poema favorito era "La belle dame sans merci". Hoje, seu verso preferido é "Quando eu for velha, vou me vestir de roxo", do poema "Warning", de Jenny Joseph.

Você percebe que as pessoas verdadeiramente bacanas raramente se importam com o que pensam delas. Você vê a pose "moderna" dos jovens como ela realmente é: uma relutância em aceitar a vida com paixão. Você prefere a companhia de pessoas que ousam ser apaixonadas à companhia de pessoas que se acham o máximo.

* * *

Você não rega suas plantas de acordo com o dia da semana ou com as instruções nos livros de jardinagem. Você as molha quando elas parecem cansadas e com sede.

Você reconhece quando está irritada ou cansada e se cuida de um modo todo especial quando isso acontece. Sabe que não é bom tomar decisões importantes quando está esgotada, entediada, solitária, com fome, com raiva e/ou deprimida.

* * *

Se você nunca fez isso antes, os 40 são um ótimo momento para se ter um namorado mais novo. Mas somente se isso fizer você se sentir mais jovem, não mais velha.

* * *

Você compra flores para si mesma sempre que dá vontade.

* * *

Você gostaria de ter conhecido sua mãe e suas avós quando elas eram jovens.

Você nunca diz "A gente vai se falando...", a menos que realmente queira manter contato com a pessoa.

* * *

Crianças pequenas adoram ir à sua casa para uma visita. Você encoraja os pais delas a deixá-las passar o dia, a noite ou um fim de semana – é bom para os pais, para as crianças e para você (principalmente se você não tem filhos). Todo mundo fica de pijama e vê desenho junto. Você as deixa comer *pizza* no café da manhã, macarrão instantâneo no almoço e cereais no jantar. Depois que as crianças se vão, sempre ficam fotos maravilhosas grudadas na porta da geladeira.

Sempre que você vê a esposa de um político, atenciosa, sorridente, bem-arrumada, de pé ao lado do marido, dando-lhe apoio, você se pergunta como é a vida dela – quais são suas alegrias e tristezas, se ela é feliz. Também se pergunta até que ponto foi ela que escreveu o discurso do marido.

***

Você não namora homens que lhe inspiram pena.

***

Você consegue dar o benefício da dúvida a pessoas ou situações, até que surjam mais informações.

Você compreende que, por mais que incentive as pessoas, elas não baixam a guarda enquanto não estiverem prontas para isso.

* * *

À medida que você aprende a apreciar mais os processos, fica menos obcecada pelos resultados. Você aprendeu que, quando relaxa e deixa o destino cuidar das coisas, ele lhe traz mais abundância do que você poderia imaginar ou esperar.

* * *

Você sempre espera por mais que o previsto.

O fato de você ter sido magoada não significa que não confia mais em ninguém – apenas toma mais cuidado antes de confiar. A dor do passado não faz de você uma pessoa especial. Transcender a dor, sim.

***

Você consegue expressar suas necessidades e admitir seus medos, tanto para si mesma quanto para os outros. E não se sente ameaçada quando eles fazem o mesmo com você.

***

Pena é algo que você reserva para as pessoas que tentaram de verdade ser boas, mas foram surpreendidas pelo destino. Quando vê cenas de desastres, como tornados e enchentes, você fica triste.

Você se importa menos com a conta bancária de um amigo ou de um namorado em potencial e mais com seus sentimentos quando está na companhia dessa pessoa.

***

Você não se sente mais atraída ou fascinada por aquilo que lhe faz mal. Cafajestes são ruins. Você já os superou faz tempo.

***

O que quer que a vida lhe ofereça, você sempre pode sorrir e dizer: "Não, obrigada".

***

Tudo que você já vivenciou e superou contribuiu para a formação de quem é hoje. Você se dá crédito por ter se virado muito bem, no fim das contas.

É mais fácil, hoje, encontrar seu equilíbrio natural em todas as coisas. A vida é, cada vez mais, fluxo e refluxo, maré alta e maré baixa, *yin* e *yang*. Quando chega um novo elemento, você não fica preocupada pensando em como vai lidar com ele. Em vez disso, imagina como ele vai afetar seu equilíbrio atual.

* * *

Provavelmente você gosta de colecionar coisas – sejam esculturas japonesas, rendas antigas ou relógios –, mas não de modo obsessivo ou exaustivo. Sua coleção é importante, mas você não aborrece ninguém com ela (exceto, claro, outros colecionadores).

Você compete menos com os outros, mas tem padrões altos de exigência consigo mesma. É importante estar sempre em alguma espécie de busca, grande ou pequena. Não importa se você está à procura do amor perfeito, ou se gostaria de ver o pássaro mais raro do mundo (e quase extinto), ou de escrever a mais romântica canção de amor de todos os tempos, ou se procura a toalha de mesa perfeita para combinar com seu jogo de porcelana fina. Todas nós nos sentimos melhor se tivermos ao menos um sonho moderadamente impossível.

***

Você aprende a aceitar o que não consegue perdoar.

***

Melodrama é uma coisa que a entedia.

Mesmo que você esteja fazendo regime, sempre compra chocolate de crianças nos semáforos. Elas ganham dinheiro e você come o chocolate.

***

Você sabe que, embora a dor e a perda sejam inevitáveis, o sofrimento não é.

***

Você não se importa se tiver de cortar a própria grama. Mas, quando aparece um menininho com um cortador e pergunta: "Moça, posso cortar a grama?", seu coração fica mole e você provavelmente paga mais do que ele pede.

***

Quando caminha pelas ruas do bairro, você fica de olho se há alguém ou algum animal perdido precisando de ajuda.

Sua experiência de vida a deixou bastante consciente dos padrões. Você entende que a vida está sempre repetindo as mesmas lições – até você passar no teste e ir para o estágio seguinte.

* * *

Você se recusa a deixar que as tristezas do mundo a amargurem ou a tornem uma pessoa emocionalmente mesquinha.

* * *

Quando você se olha no espelho, sorri mais vezes do que franze as sobrancelhas. Você se dá crédito por ser mais forte do que tudo que já tentou derrubá-la.

* * *

Você toma cuidado com os predadores e ousa lutar pela inocência.

Levou algum tempo, mas você aprendeu a diferença entre instinto e impulso. O instinto é muito mais profundo. Você sabe distinguir entre um capricho, um sonho tolo e uma missão divina.

***

Finalmente você parou de pedir desculpas por existir.

***

Você desconfia de qualquer um que afirme ter descoberto o único caminho verdadeiro, acertar tudo na primeira vez e/ou nunca ter cometido um erro.

***

No fim das contas, todos e tudo – sistemas, instituições, famílias – precisam merecer e conquistar seu respeito. Ele não vem automaticamente.

Apesar de os resultados não estarem ainda estabelecidos, você é cética em relação a teorias que atribuem todo estado de espírito, toda motivação e todo comportamento à bioquímica e à genética. DNA não é destino. Todas nós temos o poder de realizar maravilhas com as mãos que a vida nos deu.

***

Seu círculo de amigos inclui tanto introvertidos quanto extrovertidos.

***

Quando uma amiga a apresenta ao novo namorado – aquele de quem já ouviu falar tanto –, você se impressiona menos com a aparência ou a situação financeira dele e mais com a felicidade de sua amiga.

Você evita fazer julgamentos precipitados sobre os relacionamentos das outras pessoas com base apenas nas aparências. A experiência lhe ensinou que ninguém sabe o que acontece entre duas pessoas quando estão a sós.

* * *

Você valoriza o processo criativo em si – em qualquer nível – mais que o produto. Seu maior respeito, porém, está reservado para aqueles artistas e criadores que se atrevem a tornar reais suas visões e grandes ideias. Você preferiria ler o primeiro rascunho do livro que sua amiga está escrevendo a ouvi-la falar do grande livro que vai escrever um dia. Se forem realmente amigas, você saberá como lhe dizer isso de modo encorajador.

"Deveria", "deve" e "tem que" são termos cada vez menos frequentes em seu vocabulário.

* * *

Você teria mais respeito pelos dez mandamentos se o 11º – ou o primeiro – fosse: "Honrarás e protegerás todas as crianças do mundo".

* * *

Pelo menos uma vez, você provou que pode passar um feriado prolongado sozinha. Na verdade, é até divertido.

* * *

Você confia que as pessoas são capazes de formar e manter as próprias conexões.

* * *

Você fala menos, para que os outros possam falar mais.

Em um adulto, o desamparo já não é uma característica atraente. Você admite que todos têm uma cruz a carregar e desafios a vencer. Mas, exceto no caso de crianças, ou de adultos muito doentes ou idosos, você não reconhece o direito da pessoa ferida de jogar cegamente os próprios problemas sobre você ou o resto do mundo. Razões nem sempre são justificativas.

* * *

Depois de tantas bolhas de sabão estouradas, você aprendeu que, quanto mais irrealistas forem suas expectativas, maior será a decepção. Mas isso não é uma coisa que você diz aos outros, tentando frustrar suas esperanças. A vida tem um modo de nos trazer à realidade e nos ajudar a separar o joio do trigo.

Perfeição é o que é bom para você. Perfeccionismo é o que não deixa você descobrir isso.

* * *

Como uma menininha um pouco mais velha e mais sábia, você explora o que o mundo lhe oferece e depois se acomoda no que parece bom para você. Não aceita substitutos.

* * *

Você sempre sabe quando já chega.

Em algumas áreas de competência, você corre riscos criativos e ousa ser notável. Recusa-se a ceder – você domina sua arte e seu ofício, estuda com os melhores professores e busca excelência nas áreas em que é mais talentosa. Em outras áreas, você ousa ser apenas mediana – um tipo muito diferente de risco. Você sente outro tipo de prazer por ter competência mediana em áreas que antes evitava totalmente.

* * *

Se você sempre foi ruim em matemática, aprende o suficiente para se virar. Se necessário, paga uma criança em idade escolar para lhe ensinar coisas que para você são confusas, como divisões longas. Se você é um ás na matemática, pode experimentar com pintura.

Se você sempre se considerou desastrada e descoordenada, ou você aceita isso ou tenta fazer algo para mudar (aulas de balé, ioga, esgrima ou boxe, ou simplesmente presta mais atenção no que está fazendo).

* * *

Você ainda adora jogar queimada.

* * *

Em vez de se sentir burra ou incompetente em uma área em que você não é muito boa (matemática, culinária, contabilidade, trabalhos domésticos, manutenção do carro, jardinagem), ou você supera seus bloqueios e domina as habilidades básicas, ou paga para alguém cuidar das tarefas, ou negocia com amigos e vizinhos.

Para você, o melhor amante não é dominador nem submisso, mas um companheiro de viagem na estrada da vida.

***

Períodos curtos de baixa energia não indicam necessariamente depressão ou desespero, embora você se observe com cuidado nessas ocasiões. Às vezes, seu corpo, sua mente e seu espírito precisam descansar de algo que você acabou de concluir, ou se preparar para o que vem. Assim como Perséfone, você aprende a utilizar bem seu tempo nas profundezas. A natureza opera em ciclos, e você não é uma exceção.

Correr riscos e trabalhar sob pressão é ótimo – todas as pessoas criativas passam por fases mais atribuladas. Você mantém equilíbrio suficiente para não desabar. Isso se aplica a qualquer forma de vício, risco, indulgência ou obsessão. Você já perdeu muitas pessoas por causa disso.

* * *

Seja um emprego, um homem ou um carro novo, você se recusa a se apaixonar por algo que não lhe faça bem, com que você não consiga lidar ou que pertença a outra pessoa.

Se você foi uma mulher tímida e quieta a maior parte da vida, agora fala o que pensa, vai atrás das coisas e arrisca mais. Se sempre foi boa em criar vínculos e se comunicar, os 40 são uma ótima época para você explorar seus aspectos mais tranquilos, mais espirituais.

***

Quando as pessoas lhe pedem conselhos, você diz que elas provavelmente têm todas as informações e recursos interiores necessários para tomar a melhor decisão, mas talvez precisem dar a si mesmas um pouco de tempo. Aliás, também aplica esse conselho a si.

Você não ignora os sinais de alerta de seu corpo, mas também não é obsessiva com isso. Você observa, pesquisa, faz muitas perguntas e adia as decisões até sentir que conhece todos os fatos. Não tem medo de deixar passar algum tempo para ver se os sintomas diminuem ou melhoram.

* * *

De modo geral, você parou de se comparar com os outros. Maçãs nunca serão laranjas.

* * *

Tempos atrás, você quebrava regras só por quebrá-las. Ainda hoje, nunca as obedece cegamente – você tem um desrespeito saudável por muita coisa que é considerada autoridade. Como dizem por aí, é melhor pedir perdão que permissão.

Você se recusa a zombar de Mick Jagger, Bruce Springsteen, Elton John, Bob Dylan, Joni Mitchell, Neil Young, Eric Clapton, James Taylor e todos os outros ícones do *rock* de sua juventude que ainda estão gravando e fazendo turnês, em seus 50 e poucos anos ou mais. Eles estão mostrando a idade. E quem não mostra? Em vez de ficar escutando só as músicas antigas desse pessoal, você compra os discos novos, quando possível vai aos *shows* e demonstra seu apreço não apenas pelo que significaram para você no passado, mas também pela evolução deles. Você respeita tudo que eles representam e tudo por que passaram.

***

Você encontra um pouco de verdade em tudo que vê e ouve.

Se você começa a achar que sua casa é grande demais ou muito sofisticada, muda para um lugar menor. Se você sempre morou num apartamento pequeno na cidade, começa a pensar em mudar para o campo.

***

Você tem uma atração natural por aquilo que a sustenta. Você evita tudo que drena sua energia.

***

"Garra" se tornou uma de suas palavras favoritas. Você bola meios de usá-la mais vezes.

Seu conceito de beleza masculina mudou. Hoje você valoriza mais a voz e o jeito como a alma do homem brilha através dos olhos. Você não entende o que as pessoas veem em Leonardo DiCaprio, além de um rostinho bonito.

* * *

Você descobre que o destino é aleatório e impessoal. Tenta não levá-lo para o lado pessoal.

* * *

Você não se importa que os amigos, parentes, estranhos ou até seu namorado a vejam sem maquiagem.

Quando você acorda com o cabelo ruim, isso significa apenas que as pessoas que a viram com o cabelo desgrenhado depois a encontrarão toda arrumada, com os cabelos lindos, e se surpreenderão, mal podendo acreditar que é você.

* * *

Embora você saiba que a perda é inevitável, tem a astúcia de mandar avaliar e pôr no seguro todos os seus pertences.

* * *

Em vez de sair sempre com uma só amiga, ou com mais um casal, como fazia antes, hoje seu círculo de amizades é bem maior, incluindo solteiros, casais, famílias e até grupos inteiros.

Você sabe quando ser graciosa e educada (pelo menos 90% do tempo), mas também reconhece quando as boas maneiras têm que ficar para trás.

***

Você sabe que a melhor canção, ou o poema mais bonito, ou o mais lindo quadro mereceram ser compostos, mesmo que ninguém os visse ou escutasse. Mas a experiência lhe diz que o mundo não vai bater à porta do artista, implorando para entrar. O artista tem que levar o próprio trabalho aonde ele possa ser ouvido, comparado e experimentado.

***

As melhores comemorações são espontâneas. Você pode ficar sem detergente ou removedor de esmalte, mas sempre tem pelo menos uma garrafa de champanhe na geladeira.

Não existe atalho para a felicidade. Quando você aceita isso, a vê brotando à sua volta, das formas mais inesperadas.

* * *

As melhores conversas incluem silêncios tão significativos quanto qualquer palavra ou frase.

* * *

Você já viu e experimentou dor suficiente para saber que às vezes as pessoas precisam cair para poder levantar.

* * *

Você desconfia do amor parcial ou condicional, se é que eles podem ser chamados de amor.

A depressão é mais um sinal de mudança (positivo) do que um pedido de ajuda (negativo), embora você esteja atenta às duas possibilidades.

* * *

"Preguiça" não é mais uma palavra negativa. Você está apenas conservando energia.

* * *

Você acredita que viver em culpa não é saudável para as pessoas nem para o mundo de modo geral. Mas acha que as pessoas deveriam se sentir um pouco culpadas – ou, no mínimo, arrependidas – sempre que forem mesquinhas, falsas ou esbanjadoras.

Se você mora em um lugar frio, faz questão de visitar locais quentes e suaves, onde as pessoas se movem e falam bem devagar.

***

Se você mora em um local com clima quente, de vez em quando visita um lugar frio no inverno. Essas visitas a ajudam a apreciar melhor a vida em um lugar onde vestir gorro e luvas de lã é um conceito estranho.

***

Quando a vida lhe dá uvas azedas, você faz sangria.

Você não tem o menor interesse em se tornar *workaholic* ou chocólatra. Um dia, porém, enquanto está tomando banho de espuma, você inventa a expressão "alegriólatra" e resolve que quer ser lembrada por isso.

* * *

Você se dá permissão para se surpreender com a alegria.

* * *

Você lê menos histórias de crimes reais e mais *As crônicas de Nárnia*.

* * *

Seja qual for sua crença, você aceita que tanto a boa fortuna quanto o infortúnio são muito mais que apenas uma questão de sorte ou azar.

Você nem se lembra da última vez em que achou que não tinha direito de ser feliz, amada, escutada ou compreendida.

***

Partilhar com as pessoas menos afortunadas lhe é algo muito importante. Você não age assim por culpa, dever ou necessidade de nobreza. É sua maneira de compartilhar e mostrar gratidão por sua fartura. Com frequência, as pessoas lhe perguntam como podem pagar o favor. Você só lhes pede que passem o favor adiante.

Correndo o risco de soar como uma canção de Carole King, você finalmente vê sua vida como uma rica e multicolorida peça de tapeçaria – apesar dos fios soltos, buracos de traças, cores que não combinam, rasgos, remendos, barras irregulares, pontos malfeitos e tudo o mais. Por fim, você vê a jornada de sua vida como um caminho rigoroso e às vezes solitário, que passa por rochas, montanhas, tempestades, pântanos e mata fechada. Finalmente você chegou a uma clareira – que Winston Churchill chamava de "planaltos ensolarados". Nesse caminho, aprendeu tanto que é capaz de viajar em segurança mesmo sozinha, embora não precise fazê-lo. Há mais apoio ao longo do caminho do que você jamais imaginou que seria possível, desde que você tenha olhos para ver, ouvidos para ouvir e o coração para compreender. Incrivelmente, seu coração e sua alma se ampliaram e expandiram graças às provações; não endureceram, porém – ao contrário, suavizaram-se. Embora tenha alguns arranhões, você tem o poder de se curar. A jornada até agora pareceu durar para sempre; no entanto – agora que você saiu do mato sem trilha –, quando olha para os céus, fica feliz ao perceber que o sol está bem lá em cima. Você tira a mochila das costas e lava os pés cansados na água que corre no riacho. A noite ainda demora. Seu tempo é completamente seu. Você é livre para implementar todos os planos que pareciam sonhos impossíveis em meio à névoa da manhã. Você percebe que não é a única a fazer a jornada até este lugar. Você agora está livre para viver, rir, amar, saborear e passar tudo isso adiante.

Sugestões de leitura

Meditações para mulheres que fazem demais

Anne Wilson Schaef

Nutra sua alma e alimente seu espírito com essas meditações, como têm feito, no mundo inteiro, milhões de mulheres ocupadas que encontram conforto com esse *best-seller* mundial. Essas meditações diárias propiciam a inspiração e a orientação de que você precisa para relaxar, recarregar a energia e, mais importante, valorizar você mesma e o seu trabalho.

A mulher positiva: passos simples para acreditar em sua capacidade e ter a vida que você sempre sonhou

Gael Lindenfield

Mais do que um guia para o pensamento positivo, este livro oferece orientações práticas e estratégias eficazes para promover as mudanças que você quiser fazer em todas as áreas de sua vida. Gael Lindenfield vai guiá-la no caminho do autoconhecimento, mostrando que uma mulher positiva sempre está no comando do próprio destino.

Solteira sim, sozinha nunca: como desfrutar as maravilhas deste estilo de vida

Barbara Feldon

A autora dá receitas contra a solidão e os medos e responde todas as perguntas que surgem quando se vive sem um parceiro, abordando tanto os aspectos emocionais quanto os práticos da vida de solteira.

Segredos da gordinha feliz

Wendy Shanker

O livro conta as aventuras da autora em academias e clínicas de emagrecimento, mostra seu espanto diante de dietas absurdas, diverte com suas incursões por lojas de roupa e emociona com seus relatos sobre a aceitação de si mesma, além de apresentar dados alarmantes sobre as empresas que estão por trás do mito da mulher ideal e fazer uma lúcida radiografia da sociedade atual.

Cinematerapia para a alma: guia de filmes para todos os momentos da vida

Nancy Peske e Beverly West

Nesse livro você encontrará 150 dicas de filmes, tanto clássicos quanto contemporâneos, para os mais diversos momentos e estados de espírito. Divertido, brincalhão, espirituoso, esse livro funciona como um remédio eficaz: levanta o astral, acalma a ansiedade, faz sair da monotonia, inspira coragem, renova a esperança, dá boas idéias, faz pensar, emociona, provoca boas risadas, apresenta novas perspectivas... e muito mais!

Pequeno livro de estilo

Ana Vaz

Com suas dicas práticas e rápidas para mulheres, a consultora de estilo e imagem pessoal Ana Vaz vai ajudá-la a escolher a roupa ideal para passar a imagem que você quer. Descubra aqui como estar bem vestida em todas as ocasiões, com roupas que valorizam seu corpo e sua personalidade.

Pequeno livro de etiqueta

Ana Vaz

Com suas dicas práticas e rápidas, a consultora de estilo e imagem pessoal Ana Vaz vai ajudá-lo a lidar de maneira elegante com diversas situações do dia a dia – desde como evitar gafes à mesa até como ser um hóspede sempre bem-vindo, como ter uma convivência harmônica com os vizinhos ou o que continua em uso no relacionamento entre homens e mulheres.

Se eu pudesse viver minha vida novamente... (Ed. de bolso)

Rubem Alves

Rubem Alves viaja no tempo e no espaço... entre as perdas e ganhos que temos durante a vida, recorrendo a memórias ora felizes, ora dolorosas, quase sempre com um toque de nostalgia que não é arrependimento, mas uma saudade gostosa de algo vivido em profundidade. Com extrema delicadeza chega ao coração e à mente de cada um, acordando em nós o desejo de aproveitar cada instante plenamente – pois nunca é tarde para a vida!

MULHERES NO COMANDO: COMO LIDERAR SEM DESCER DO SALTO

Caitlin Friedman e Kimberly Yorio

As mulheres nem sempre tiveram os melhores modelos de chefia no trabalho, por isso ainda não têm muita orientação sobre o que fazer quando assumem o comando da empresa. Nesse livro, as autoras ensinam você a ser forte sem ser possessiva, a ter opinião sem ser desrespeitosa, a ter pulso firme sem ser durona. Você vai aprender a assumir o papel de chefe de modo positivo, para poder ser mais mentora do que gerente, aquela que lidera, inspira e motiva.

PARE DE RECLAMAR E COMECE A GANHAR: OITO MANEIRAS GARANTIDAS DE TER SUCESSO NOS NEGÓCIOS

Molly Dickinson Shepard e Jane K. Stimmler

Neste livro, as autoras revelam os obstáculos que impedem as mulheres de alcançar e se manter nos altos postos das grandes empresas, fornecendo estratégias práticas para deixar essas dificuldades para trás.